INDUSTRIE DES SOIERIES.

CRÉATION

D'UN

COMPTOIR NATIONAL

DE VENTE.

Créer…, ne rien détruire.

LYON.

IMPRIMERIE TYPOGRAPHIQUE ET LITHOGRAPHIQUE

DE LOUIS PERRIN,

Rue d'Amboise, 6, quartier des Célestins.

1848.

OPINION DE L'AUTEUR.

RÉSUMÉ DE SON PROJET.

Un système parfaitement logique en théorie est souvent complètement faux en pratique.

Une théorie qui n'est pas applicable est plus que nulle, elle est dangereuse parce qu'elle soulève des ambitions, souvent même des passions, qu'elle ne peut ni satisfaire ni calmer.

On ne saurait être trop prudent quand il s'agit de toucher à l'existence des masses; pour l'améliorer avec certitude il faut aller du connu à l'inconnu, et bien se garder de compromettre le certain pour tenter l'incertain.

Toute organisation a un bon et un mauvais côté; une réforme bien entendue peut conserver le premier et porter remède au second.

Réformons donc et ne détruisons pas.

Une bonne réforme peut nous conduire progressivement et sans secousse au meilleur état que l'on puisse ambitionner.

Tel est le but et le vœu de l'auteur.

Il propose dès aujourd'hui :

Pour les ouvriers, une caisse de retraite ;

Pour l'industriel, suppression de toutes les pertes évitables ; plus, ou presque plus de faillites ;

Pour tous, nouvel essor donné à la consommation.

RÉFORME PRATIQUE

DANS

L'INDUSTRIE DES SOIERIES.

Nulle industrie ne se recommande plus à la sollicitude du Gouvernement, après l'agriculture, que celle des soieries, par ses nombreux travailleurs, par l'exportation considérable de ses produits, qui sont pour la France une source puissante de fortune.

Importance de l'industrie des soieries.

Aucune industrie n'est pourtant plus misérable par vice d'organisation ; qu'on la suive dans toutes ses branches, toutes ses ramifications, et l'on verra insuffisance de salaire pour l'ouvrier, insuffisance de bénéfice pour l'industriel producteur, qu'il soit fileur, moulinier ou fabricant ; enfin, lutte ruineuse pour les marchands. Ces faits ne sont ni à établir ni à discuter, ils sont connus de tous, et des faillites nombreuses, dans chaque spécialité, sont venues trop souvent les constater aux optimistes.

Etat actuel déplorable.

La concurrence est justement signalée comme la cause première du mal; c'est elle qui a engendré le marchandage entre l'ouvrier et le fabricant, entre le fabricant et le marchand, entre le marchand et le consommateur. Abolissez la concurrence et le marchandage, s'est-on écrié tout d'abord, et assurez par des tarifs et des règles protectrices une aisance convenable à tous les travailleurs? Mais peut-on, sans attenter à la liberté individuelle, régler le prix et la valeur de chacun? Pouvez-vous forcer l'industriel à produire quand il ne peut pas vendre, et courir ainsi sciemment à une ruine certaine? Enfin, quand vos produits exportés ne pourront plus soutenir la concurrence des fabriques étrangères, qu'en ferez-vous? L'exportation consomme les trois-quarts de nos produits: songez-y bien.

La concurrence est sans doute une des grandes causes du mal, mais elle n'est pas la seule; la concurrence n'est que le rouage du commerce, et le grand ressort qui imprime le mouvement, c'est *la consommation.*

La consommation! oui, la consommation règle tout, et son impulsion est développée, multipliée pour ainsi dire, par la concurrence qui est la roue d'engrenage. Ainsi, que les produits soient rares, vous les voyez augmenter de valeur; qu'ils soient surabondants, ils tombent à vil prix, non dans la proportion de leur valeur intrinsèque et de leur nombre, mais bien dans celle de l'empressement de chaque marchand pour écouler des étoffes ou réaliser quelqu'argent. Même rapport entre le fabricant et l'ouvrier; les produits s'écoulent-ils avec bénéfice ? les salaires augmentent. Les affaires cessent-elles ? l'ouvrage manque à l'ouvrier et les produits se vendant mal , l'ouvrier est mal payé.

De grandes réformes sont nécessaires dans toutes les branches de cette vaste industrie des soieries, pour rendre l'aisance à tous ses travailleurs (et sous ce nom nous comprenons à juste titre tous ceux qui s'occupent à produire); mais elles ne peuvent être immédiates et générales à la fois. Dans l'intérêt de tous, il ne faut pas détruire l'organisation actuelle avant qu'une nouvelle ait fait preuve de supériorité. Il ne faut donc déposséder personne, chacun doit conserver sa liberté d'action et ne se rallier à la réforme que par conviction. Tout se trouvera ainsi réorganisé sans secousse, sans périls. Avant de détruire l'ancien, élevons donc un édifice nouveau, ouvert à tous, symbole d'unité et de fraternité. Commençons le d'abord, nous le développerons ensuite suivant le besoin et le succès. Et sur quelle première pierre devra-t-il reposer pour s'élever sûrement? Nous l'avons dit : *sur la consommation*. Développer la consommation autant que possible , établir entre elle et la production les rapports les plus simples et les plus avantageux réciproquement; voilà, selon nous, le premier problème à résoudre dans la question de l'organisation du travail , puisque la consommation est la fin de tout produit, la source de tout bénéfice. Trouvez aux marchandises un écoulement rapide et avantageux, et soyez sûrs que bientôt, et sans autre combinaison, la prospérité renaîtra dans l'industrie , l'aisance parmi les travailleurs.

Une vaste réforme est nécessaire ;

Mais elle doit réédifier avant de détruire.

La réforme doit être progressive.

Son point de départ doit être la consommation ;

Car la consommation est la source de tout bénéfice.

Moyen proposé.

Établissement à Paris d'un Comptoir national, spécialement et exclusivement affecté à la vente des soieries françaises.

Le fabricant consignerait ses produits contre avance de 50 p. % de leur valeur.

Le Comptoir vendrait sous une commission de 6 p.%.

Pour cela, que le Gouvernement ouvre à Paris, centre du luxe et de toutes les industries, un Comptoir de vente spécial aux produits de la soierie, sous la direction d'agents par lui choisis, probes et expérimentés ; qu'il y reçoive indistinctement les produits de tous les fabricants, grands et petits. Chaque fabricant fixera lui-même la valeur de sa marchandise ; cette valeur sera contrôlée par un conseil d'expertise qui aura le droit de surcharger ou de décharger de 5 p. % les prix cotés. Cette mesure est nécessaire : 1° pour établir l'équilibre entre les prix des diverses fabriques et les ramener à l'unité dans chaque catégorie ; 2° pour détruire la concurrence entre fabricants par réduction de prix, concurrence qui n'a pas de limite et peut conduire à la ruine. Celui qui par son organisation de fabrique ou son industrie pourra produire à meilleur marché, aura de plus forts bénéfices sur la vente de ses marchandises et jouira ainsi pleinement de la supériorité de ses moyens, sans anéantir les bénéfices de ses confrères.

Réunion des produits de tous les fabricants, de manière à n'en faire qu'un seul assortiment à la vente

*Trois genres de vente :
Vente en gros;
Vente en détail ;
Vente à l'encan.*

Toutes les marchandises consignées seront réunies et classées par genre et qualité ; elles seront écoulées par trois moyens généraux qui les adresseront à toutes les consommations. Ainsi, la vente en gros et demi-gros fournirait tous les marchands français ou étrangers ; la vente en détail servirait les détaillants de Paris et de province, et la classe aisée ; la vente à l'encan, les marchands de second ordre et la classe ouvrière.

Les fabricants, en envoyant leurs marchandises, indiqueront à quel genre de vente ils les destinent, celles qui premièrement destinées et offertes à la vente de gros, n'y seraient plus applicables après un certain laps de temps, passeraient à la vente au détail; et enfin, celles qui n'auraient pu être vendues dans un temps donné ni à l'une, ni à l'autre de ces ventes, seraient mises à l'encan, afin d'éviter l'engorgement et de réaliser le plus promptement possible tous les produits consignés.

Le fabricant recevrait (au besoin), une avance de 50 p. % sur le montant de ses consignations, et chaque mois, compte de vente avec règlement ; les avances faites porteraient 6 p. % d'intérêt. Sur les ventes, il serait prélevé par le Comptoir national 6 p. % de commission de vente. Il serait fait une remise de 10 p. % aux acheteurs en gros; il serait servi un intérêt de 5 p. %, l'an aux prêteurs d'argent ou actionnaires du Comptoir de vente, 50 p. % des bénéfices leur serait répartis; 10 p. % aux gérants de l'établissement, et les 40 p. % restant, seraient appliqués à former une caisse de retraite pour les ouvriers, vieillards ou infirmes.

Hâtons-nous de prévenir une objection : « Le Comptoir national de vente sera une concurrence directe, ruineuse pour toutes les maisons de nouveautés de Paris, pour tous les commissionnaires en général. » — S'il en était ainsi, notre projet serait vicieux; car nous le répétons, nous ne voulons anéantir personne, nous désirons au contraire venir en aide à tous dans les limites du droit et de la justice. Le Comptoir de vente ne sera pas plus une concurrence pour les commissionnaires que la Banque de France n'en est une pour les banquiers. De même que les Banques nationales aident les

Banques privées, le Comptoir national de vente sera un auxiliaire pour toutes les maisons de nouveautés, pour tous les commissionnaires, en leur offrant dans la capitale même, la réunion de tous les produits de soierie des fabriques françaises. Jour par jour ils pourront y faire leurs achats et y conduire leurs correspondants étrangers, pour lesquels ils se porteront caution, le Comptoir national ne vendant que sous des conditions particulières que nous développerons plus tard. Les maisons de Paris ne seront donc plus chargées chacune d'un assortiment considérable de marchandises de plus en plus nécessaire pour attirer les clients, et donnant chaque année de grandes pertes par les quantités détériorées ou désassorties. Pour preuve dernière, nous citerons ce fait : Les maisons de fabrique de Lyon vendent leurs produits, soit en gros, soit en détail trop souvent, et par là, elles n'ont pas compromis dans cette ville l'existence des maisons de nouveautés et des commissionnaires pour l'exportation, qui se trouvant au centre des produits, n'en font l'achat qu'au fur et à mesure de leurs besoins, et se trouvent parfaitement de cet état de choses. Du reste, il sera facultatif aux maisons de Paris de continuer, à leur convenance, leurs relations directes avec la fabrique de Lyon, comme par le passé.

Avantage.

Créer, ne rien détruire.

Le Comptoir national de vente réalise notre devise.

Le premier avantage du Comptoir national de vente sera de conserver tous les agents, tous les moyens industriels en activité de nos jours, et de leur venir en aide à tous individuellement sans les désorganiser. Mais bien d'autres encore en dériveront ; ils sont certains et faciles à prévoir.

En conservant à chaque fabricant toute son indépendance, toute sa liberté d'action, le Comptoir national laisse subsister entre eux la concurrence utile, nécessaire pour l'amélioration des produits. Il l'excite même par leur comparaison directe et impartiale; mais il détruit la lutte d'intérêt d'individu à individu qui est ruineuse pour tous car elle est sans limite. Liberté.

Les prix de vente étant établis par le conseil d'expertise, sur la moyenne des prix de chaque fabricant, il s'ensuit que l'étoffe aura une valeur unique donnant à tous ses producteurs un bénéfice légitime, plus ou moins élevé, suivant ses moyens de produire, mais certain. (Nous devons rappeler ici le pouvoir donné aux experts de hausser ou baisser les prix des fabricants de 5 % pour les ramener à l'unité.) Les grandes maisons ne pourront plus écraser les petites par la concurrence oppressive du plus bas prix; tous les produits étant réunis et vendus sans connaissance de leur origine, dès-lors plus d'intrigues, plus de préférence possible d'acheteur à vendeur. Égalité.

Le Comptoir de vente, par son importance, par son unité, connaîtra réellement les besoins de la consommation, et, les transmettant à ses correspondants loyalement (puisqu'il n'aura ni intérêt personnel à servir, ni concurrence à redouter), il dirigera sûrement la production suivant les besoins de la consommation. Pour l'uni, plus de solde de parties désassorties dans chaque magasin, le Comptoir de vente, réunissant tous les produits, aura toujours des assortiments immenses qu'il n'aura qu'à entretenir au complet en avisant chaque consignataire des couleurs et des genres dont la vente serait plus rapide. Fraternité.

Pour le façonné, tous les dessins consignés au Comptoir national seront réservés à leur auteur, le Gouvernement ayant tout pouvoir pour en faire respecter la propriété ; le fabricant jouira pleinement de ses créations.

Chaque maison de fabrique n'aura plus une organisation particulière pour la vente, celle du Comptoir national suppléera à toutes avec avantage. Donc, réduction de pertes inévitables, réduction des frais généraux ; par conséquent, économie dans la production, augmentation des bénéfices, partant augmentation des salaires.

Présentant aux étrangers la plus grande modicité de prix possible et un assortiment immense de produits, le Comptoir national verra venir à lui les exportateurs qui, en un seul jour, trouveront immédiatement et tout prêts, sous leur vue, les assortiments les plus considérables qu'ils pourraient désirer. Un pareil avantage étoufferait la concurrence des fabriques étrangères qui ne pourraient certainement lutter contre toutes nos forces réunies, tandis qu'elles les battent isolées.

Les faillites deviendraient très rares, car les maisons qui, de bon gré ou de force, voudraient liquider leurs affaires, en cédant toutes leurs marchandises au Comptoir, recevraient une avance suffisante pour les payements les plus urgents et pourraient attendre la réalisation de leur avoir sans danger pour eux ni pour leurs intéressés, et en tireraient le meilleur parti possible : la bonne marchandise étant réunie aux assortiments généraux, la mauvaise seulement étant vendue à l'encan. Dès lors, une liquidation, en vendant à vil prix les

Respect de la propriété.

Économie.

Supériorité sur les fabriques étrangères.

Plus ou peu de faillites.

Liquidation toujours possible et jamais onéreuse.

Moyens d'existence assurés aux ouvriers.

meilleures étoffes, n'empêchera pas les maisons en activité de faire des affaires. Enfin, il assure à l'ouvrier des moyens d'existence.

La vente en consignation existe en Amérique ; la vente à l'encan a été reconnue et adoptée comme nécessaire encore en Amérique ; le gouvernement s'est immiscé dans la Banque, dans le Comptoir d'escompte, nous ne proposons donc rien de nouveau : nous ne faisons qu'assembler des éléments et les combiner de manière à leur donner de la force et de l'unité, nous y puisons un moyen puissant et immédiatement praticable pour rallier entre eux tous les agents de l'industrie des soieries, que nous ne saurions mieux comparer qu'à un arbre immense. — Aujourd'hui il a des racines, cet arbre, ce sont tous les nombreux agents de la production, depuis le fabricant jusqu'à la feuille de mûrier ; il a des branches nombreuses aussi, ce sont tous les marchands, commissionnaires, etc., ramifications nécessaires pour arriver à toutes les consommations ; mais il n'a pas de tronc ! le tronc sera le Comptoir national, nécessaire pour former un tout.

FIN.

PROJET D'ADMINISTRATION.

L'organisation d'un établissement aussi vaste , aussi important, a besoin d'être mûrement réfléchie et combinée ; nous ne ferons donc que proposer un plan d'administration, sans le donner comme le meilleur , mais par lui nous pourrons expliquer et faire comprendre les opérations que nous attribuons au Comptoir national.

Les vastes magasins du garde-meuble , désormais sans utilité , ne sauraient recevoir une meilleure destination. La situation du local , rue Bergère , près du boulevard , son étendue et sa disposition seraient on ne peut plus convenables pour le Comptoir national de vente. Donc, point de frais de location.

Le fonds capital serait fourni , partie par l'Etat , partie par des actions de mille francs.

Le conseil d'administration se composerait ainsi :

Un directeur-gérant , fournissant un cautionnement de 50,000 fr. convertis en actions. Il aurait **** fr. de traitement et le logement dans l'établissement ; un sous-gérant 30,000 fr. de cautionnement , **** de traitement et le logement. Trois experts représentant entre eux les spécialités de

l'uni , du façonné et l'appréciation de la convenance de la vente ; soit , pour être plus clair , un
ex-fabricant d'uni , un ex-fabricant de façonné et
un ex-commissionnaire. Chacun aurait 30,000 fr.
de cautionnement et un traitement de * * * * fr.,
sans logement.

Ces cinq membres du conseil d'administration
seraient choisis parmi d'anciens fabricants ou
d'anciens commissionnaires , tous volontairement
retirés des affaires, et dont la moralité serait éprou-
vée depuis longtemps. Ils seraient nommés par le
Gouvernement. Leur gestion devrait être impartiale et paternelle pour tous , leur cautionnement
en répondrait.

Les employés seraient tous nommés par le Conseil d'administration et se diviseraient en deux
classes ;

Les employés anx écritures ;

Les employés à la vente.

Parmi les premiers seraient d'abord :

Un caissier : * * * * fr. de traitement et 10,000 fr.
de cautionnement. Il serait tenu de verser chaque
jour , à la Banque ou au Comptoir d'escompte ,
effets et numéraire.

Deux secrétaires pour la correspondance , puis
autant de teneurs de livres ou employés de comptoir qu'il sera nécessaire pour tenir les écritures.

Les employés à la vente se diviseront en trois
séries pour la vente en gros, la vente au détail et la
vente à l'encan : chaque série se subdivisera par
rayon.

A chaque série sera préposé :

Un inspecteur pris parmi les employés les plus dignes qui devra rendre compte des opérations de la série au gérant.

Deux employés aux écritures qui, sous la surveillance dudit inspecteur, feront l'entrée et la sortie des marchandises et les factures. Les règlements ne seront reçus que par le caissier.

A chaque série (ou genre de vente) sera affecté un livre de numéro d'ordre pour les marchandises, lequel restera dans les bureaux de l'administration, et deux mains courantes tenues alternativement, mois par mois, par les employés aux écritures de la vente, et remises le mois suivant aux employés des bureaux pour fournir les éléments du journal général de vente, faire régulièrement, mois par mois, la défalcation des marchandises, soit sur les livres de numéros, soit sur le compte particulier de chaque consignataire.

Il sera ouvert à chaque consignataire un compte de marchandises et un compte d'argent, arrêtés mois par mois.

Le gérant et le sous-gérant devront, l'un et l'autre, exercer une surveillance générale sur toutes les opérations de l'établissement, et se consulter au besoin entre eux pour le service ; mais ils devront se le diviser pour ce qui est du commandement, afin qu'il ne puisse y avoir contrariété dans les ordres donnés. Ils se suppléeront en cas d'absence. Ils rendront compte de leur gestion et des opérations de l'établissement chaque trimestre sommairement au conseil d'administration, chaque année exactement à un conseil général où les actionnaires principaux seront appelés.

Nous avons dit que le Comptoir national ferait, au besoin, une avance de 50 p. 0/0 sur les marchandises consignées ; cetle avance pourrait être réduite à 25 p. 0/0 sur les marchandises destinées à l'encan et dont la valeur est hypothétique, mais la réalisation très prompte. Le Comptoir avec sa faible provision de vente 6 p. 0/0, étant caution des faillites, marchandises volées ou perdues par erreur, devra être très en garde contre les premières, pour cela il ne vendra qu'au comptant ; les marchandises devront être livrées et réglées dans les 24 heures, soit en espèces, soit en valeurs escomptables à la Banque de France ou au Comptoir d'escompte. Les ventes de chaque mois ne prendront date que du dernier jour dudit, et seront réglées au consignataire dans le délai d'un mois. Les marchandises consignées étant passées en numéros sur l'un des trois registres d'ordre dont nous avons parlé, aussitôt après leur vérification par le Conseil d'expertise, recevront les étiquettes et marques du Comptoir, et perdront ainsi tout signe distinctif de leur provenance. Les consignataires n'auront aucun rapport avec les employés de la vente : ils seront en relation directe avec le Conseil d'administration.

Ce plan d'organisation n'est tracé ici que pour indiquer la possibilité de l'établissement que nous proposons et la nature de ses opérations ; nous ne le donnons donc que pour ce qu'il peut valoir, et laissons aux hommes d'expérience le soin de le régler avec toute la précision qu'il exige. Nous en dirons autant du partage des bénéfices auxquels il conviendrait d'appeler tous les employés du Comptoir ou au moins les plus méritants : mais tous ces détails exigent des études et des calculs qui sortent du cadre dans lequel doit se renfermer l'exposition d'un projet.

Nous taisons donc tout ce que nous voudrions dire encore, et nous bornons seulement, pour bien établir l'utilité et l'urgence de l'établissement que nous proposons, à citer le moyen auquel la fabrique est forcée d'avoir recours en ce moment pour porter remède à sa malheureuse position. On organise un dépôt d'étoffe dans lequel on prêtera 50 p. 0/0 sur marchandises consignées. Ce moyen est un palliatif à la misère présente, il est vrai, mais il en causera une plus grande encore dans l'avenir ; car suivons-le, cet avenir. Ce dépôt, qui s'organise sous le titre malheureux de *Mont-d'Étoffes*, ne devant pas s'occuper de la vente, et le propriétaire des marchandises ne pouvant leur trouver un acheteur sur échantillons, que deviendront ces étoffes en dépôt qui ne seront vraiment ni vendues ni à vendre? Il est évident qu'elles s'altèreront dans les caisses, et que tôt ou tard, pour liquider celles dont les consignataires ne pourront rembourser les avances, il faudra recourir à un encan qui sera désastreux, parce qu'il ne sera pas régulièrement organisé, et que notre ville n'est pas un assez grand centre pour qu'une vente forcée puisse obtenir des prix passables, vu la facilité d'une entente entre les acheteurs. L'établissement du *Mont-d'Étoffes* est une preuve de la nécessité, de l'urgence d'une réforme en fabrique,

Nécessité de venir sans retard au secours de la fabrique.

mais il faut prévoir les funestes conséquences des limites dans lesquelles on l'enferme et se hâter de le convertir en un Comptoir national de vente à Paris.

Lyon, le 1er Mai 1848.